O vento de Oalab

© João Luiz Guimarães, 2015

Gerência editorial: Adilson Miguel

Coordenação editorial: Graziela Ribeiro dos Santos e Olívia Lima
Revisão: Carla Mello Moreira

Edição de arte: Rita M. da Costa Aguiar
Produção industrial: Alexander Maeda
Impressão: Corprint

Dados Internacionais de Catalogação na Publicação (CIP)
(Câmara Brasileira do Livro, SP, Brasil)

Guimarães, João Luiz
    O vento de Oalab / João Luiz Guimarães ;
ilustrações Bruno Nunes. — São Paulo : Edições SM, 2016. —
(Coleção Barco a Vapor. Série Azul).

    ISBN 978-85-418-1625-0

    1. Ficção - Literatura infantojuvenil I. Nunes,
Bruno. II. Título.

| 16-05571 | CDD-028.5 |

Índices para catálogo sistemático:

    1. Ficção: Literatura infantil 028.5
    2. Ficção: Literatura infantojuvenil 028.5

Grafia conforme o novo Acordo Ortográfico da Língua Portuguesa.

1ª edição setembro de 2016
2ª impressão 2017
Todos os direitos reservados a
EDIÇÕES SM
Rua Tenente Lycurgo Lopes da Cruz 55
Água Branca 05036-120 São Paulo SP Brasil
Tel. (11) 2111-7400
www.edicoessm.com.br

Barco a Vapor

O vento de Oalab

João Luiz Guimarães

Ilustrações
Bruno Nunes

Para Tixa

SABE AQUELES BALÕES que se parecem com nuvens saindo da cabeça dos personagens nas histórias em quadrinhos?

Eles foram criados para mostrar o que os personagens estão pensando.

Pois é. Um dia um desenhista saiu para almoçar e deixou um balão de pensamento incompleto no quadrinho.

Quer dizer, o balão até que era bem caprichado. O que ficou inacabado foi o seu interior.

O balão estava vazio.

Parecia que o personagem não estava pensando em nada. Pelo menos foi isso que o balão pensou naquele dia.

"Peraí!", disse o balão para si mesmo. "O personagem até pode não estar pensando em nada, mas EU estou pensando um monte de coisas!"

Muito contente com aquela descoberta, o balão se pôs a pensar e pensar cada vez mais. E concluiu que os balões que pensam por si mesmos podem se tornar personagens também.

E como todo personagem que se preza costuma ter um nome, o balão resolveu criar um só para ele. Decidiu se chamar Oalab, que nada mais é do que a palavra *balão* escrita de trás para frente — e sem aquele acento esquisito em forma de minhoca.

Ele achou bem engraçado esse jeito de inventar nomes. E sua cabeça continuava cheia de ideias divertidas. (E olha que ele nem tinha uma cabeça!) Por exemplo: "Que tal se a partir de hoje as histórias em quadrinhos não fossem mais em quadrinhos?".

"Não poderiam ser histórias em triangulinhos? Ou histórias em estrelinhas? Melhor ainda, não poderiam ser histórias em balõezinhos?"

Oalab gostou muito de ter pensado naquilo. E começou a imaginar uma história em balõezinhos em que os próprios balões seriam os personagens. Todos livres para pensar e dizer o que bem quisessem. Seria balão que não acaba mais!

Sim, porque, para mostrar o que cada personagem balão estava pensando, haveriam de existir outros balões indicando isso, que, por sua vez, também estariam pensando em algo e assim por diante. Até o infinito...

É… Talvez fosse difícil para a maioria das pessoas entender uma história assim.

Mas, mesmo tendo abandonado aquela ideia, Oalab não se arrependeu de ter pensado sobre aquilo tudo. O prazer de ser livre para pensar por si mesmo era tão grande, que qualquer coisa valia a pena ser pensada.

Aí ele logo teve outra ideia. Pensou que seria muito interessante ajudar as coisas que não têm voz a se expressarem através dele. Porque se ele, que é apenas uma coisa desenhada no papel, consegue pensar, muitas outras coisas também deveriam conseguir.

Oalab começou a imaginar que tinha a forma de uma nuvem de verdade, fofinha e leve como as que existem no céu. Quando viu, já tinha a cara de uma, prontinha para se descolar do papel e sair voando por aí.

E Oalab foi ganhando altura... Flutuando pelo ar, levado pelo vento.

Aí pensou: "Taí uma boa oportunidade de saber o que pensa o vento, afinal".

O difícil era acertar o lugar de onde saíam os pensamentos do vento. Primeiro, porque o vento é uma coisa invisível. Segundo, porque ele está quase sempre em movimento.

Então surgiu uma dúvida: "Será que é apenas difícil descobrir o lugar de onde saem os pensamentos do vento ou será que o vento não pensa nada que valha a pena? Talvez seja por isso que algumas pessoas são chamadas de *cabeças de vento*!".

Mas Oalab não ia desistir assim tão fácil. Afinal, o mais difícil ele já tinha feito, que era começar a pensar por si próprio.

De repente, o vento parou de soprar, e Oalab começou a perder altura. Foi caindo, caindo... E acabou pousando em um ninho de passarinho no alto de uma árvore.

Sentiu de imediato uma sensação estranha, de aperto, como se o mundo fosse um lugar muito pequeno e sem espaço.

Achou que devia estar ficando louco. Como um mundo tão grande, com céus tão azuis e cheios de nuvens, poderia parecer pequeno?

Foi então que percebeu o óbvio. Esse pensamento não era dele. Era do ovinho de passarinho no qual estava pousado.

E o ovinho continuou a pensar que sentia alguma coisa pousada em cima dele. Na verdade, não era bem o ovo, mas sim a geminha do ovo que pensava. Seria sua mãe que já estava de volta ao ninho? Achava que não devia ser, porque, quando sua mãe se sentava em cima do ovo, ela sentia um calorzinho gostoso. E agora não estava sentindo nada.

E muitas vezes se perguntava por que tinha de ser assim. Gostaria de poder variar de vez em quando, de deixar de ser uma geminha amarela

e passar a ser uma geminha branca boiando no meio de uma clara amarela, por exemplo. Ou quem sabe uma gema azul no meio de uma clara vermelha.

    Oalab começou a simpatizar com os pensamentos da geminha, que afinal de contas eram bem parecidos com os seus. Como era importante pensar por si mesmo, de forma única e original! O problema é que às vezes nossos pensamentos também podem nos pregar peças. Como no caso da geminha, que, embora tivesse boas ideias a respeito do mundo dentro de sua casca, ainda não sabia muita coisa sobre o mundo fora dela.

Por exemplo: a geminha achava que sua mãe devia ser uma gemona, também toda amarela, que sentava em cima de seu ovo para aquecê-la.

Oalab ficou comovido com aquela geminha tão pensativa, que nem imaginava ainda o belo passarinho que se tornaria e o quanto poderia voar e o montão de coisas e lugares interessantes que viria a conhecer.

Pensou que seria mesmo muito bom ter asas como um passarinho e mudou sua forma para tentar voar por conta própria. Começou a bater as asas e até ensaiou um pequeno voo, mas logo se atrapalhou e caiu sobre uma fruta verde pendurada no galho debaixo do ninho.

Passado o susto, Oalab achou bem bacana estar ali, porque assim poderia finalmente ficar por dentro dos pensamentos de uma fruta.

A fruta verde era uma goiaba. Logo de cara deu pra perceber que ela não estava feliz. Ela se sentia tão doce e rosada por dentro, pois afinal era uma fruta madura, vivida e cheia de experiências. Mas sentia que todos que a olhassem de fora achariam que ela não passava de uma fruta verde e azeda.

Foi quando Oalab percebeu que outro pensamento estava atravessando aquelas meditações goiabísticas.

Eram os pensamentos de um bicho de fruta que tinha acabado de penetrar na goiaba e estava se deliciando com a doçura de sua polpa.

Ao sentir as primeiras mordidinhas do bicho, a goiaba voltou a ficar feliz. E pensou: "Que coisa boa, até que enfim alguém está me dando o valor que eu mereço, pois sou uma fruta muito saborosa!".

Em seguida, raciocinou que só os bobos julgam os outros pela aparência. Assim como ela, muitas outras frutas também se mantinham verdes por fora, mesmo depois de maduras: o coco-verde, o abacate, a uva Itália, a graviola, a fruta-do-conde...

Ao pensar nisso, a goiaba começou a se sentir mais aliviada. Pois, se até uma fruta tão nobre como a fruta-do-conde mantinha sua pele esverdeada, por que não seguir seu exemplo?

Oalab então voltou a pensar por si próprio: "Que engraçado, as frutas desejam ser admiradas por suas qualidades de cor, de aroma e de sabor, mesmo que isso signifique o seu fim, pois serão devoradas até sobrarem só as sementes...".

"Peraí! É isso!", refletiu o balão. "É essa a função da vida de uma fruta. Ser comida até sobrarem apenas as sementes. Sim, porque aí, quando elas caem na terra, novos pés de fruta podem brotar!"

Oalab ficou muito orgulhoso de ter chegado a uma conclusão daquelas sem precisar da ajuda de ninguém, apenas confiando em seu próprio raciocínio. Mas, como o sol estava muito forte naquela hora do dia, resolveu procurar uma sombra bem fresquinha para descansar. Então se deixou cair de cima da fruta e planou até o chão, pousando suavemente sobre a sombra da própria árvore em que estava.

Qual não foi sua surpresa ao perceber que a sombra da goiabeira também estava pensando um montão de coisas!

Na verdade, ela estava um pouco chateada. Afinal, havia tantas sombras de coisas vivas que passavam saracoteando por aí, soltas pelo mundo, acompanhando seus donos, enquanto ela tinha de ficar presa àquela árvore imóvel, que no máximo agitava suas folhas nos dias de ventania.

Em geral, o único movimento que sobrava para a sombra era dar a volta ao redor da árvore, acompanhando o deslocamento do sol, ficando às vezes bem curta e depois beeeeeeem esticada. Mas como o sol se movia devagar! Quanta lerdeza! Não dava nem para ela mesma sentir que estava se movendo. Que tédio! (Detalhe: ela nem sabia que quem se movia ao redor do Sol era na verdade a Terra, e não o contrário. Mas, para a sombra, isso não fazia mesmo muita diferença.)

Ela sonhava com a velocidade. Desejava correr o mundo deslizando sobre todas as coisas, mesmo sabendo que nunca poderia se descolar da superfície dessas mesmas coisas.

Sim, porque essa é uma grande limitação de todas as sombras: mesmo as que acompanham pássaros voando, estão sempre projetadas sobre a superfície de alguma coisa, seja no chão, seja sobre as águas dos mares e dos lagos, seja sobre a encosta das montanhas.

As sombras não se desgrudam nunca. Para elas não existe relevo, isto é, não faz a menor diferença se as coisas por onde passam são lisas ou rugosas, altas ou fundas, secas ou molhadas, limpas ou sujas, quentes ou frias.

Do ponto de vista de uma sombra, é como se ela escorregasse eternamente sobre uma superfície lisa, sem fim nem começo.

"Puxa", pensou Oalab, "quanta coisa eu aprendi com uma simples sombra de goiabeira. E isso me fez perceber uma coisa que nunca tinha me dado conta: balões de pensamento não têm sombra!"

"Se eu pudesse, pediria à goiabeira um pedaço de sua sombra emprestado e a levaria para passear comigo, para ser só minha, a minha sombrinha de estimação. Isso mesmo. Muita gente tem cachorrinhos, gatinhos e até peixinhos de estimação, não é? Pois eu teria uma sombrinha."

Oalab ainda estava se divertindo com a ideia maluca que havia tido quando, de repente, começou a sentir uns tremores no chão e percebeu que eram passos de uma pessoa que se aproximava.

Notou que aquela não era uma pessoa qualquer, mas o desenhista que o deixara inacabado

na prancheta e que agora o procurava por todo canto.

— Então você está aí, hein? Seu balão levado! Até que enfim te encontrei! Vamos voltar já para a página, que é o seu lugar!

Mas Oalab não desejava voltar. Ele até era grato ao desenhista por tê-lo desenhado no papel pela primeira vez. Mas isso era tudo. Agora precisava seguir em frente por conta própria. Era tão bom pensar livremente, conhecer o mundo e as ideias de todas as coisas, que imaginar voltar a ser um escravo dos pensamentos de um único personagem de quadrinhos já lhe dava vontade de chorar.

E quando o desenhista se abaixava para recolher Oalab do chão, uma rajada de vento súbita o arrastou para os ares novamente.

— Uau, que sorte! Salvo pelo vento! — comemorou, enquanto flutuava pelas alturas, já fora do alcance do desenhista, que gritava enfurecido lá embaixo.

— Ainda te pego, seu balão fujão! Você me paga!

Enquanto era carregado pela ventania, Oalab se lembrou de sua ideia inicial de ouvir os pensamentos do vento e achou que aquela seria uma boa oportunidade para isso.

Mas o problema continuava a ser o mesmo de antes. Onde o balão deveria pousar para captar os pensamentos do vento? Afinal, o vento é invisível!

Depois de muito raciocinar a respeito daquilo, Oalab teve uma de suas melhores ideias: "Já que não dá para enxergar o vento, é preciso usar um dos melhores instrumentos já criados pelo homem para dar conta do invisível que habita o mundo... A poesia! Isso mesmo! Só a poesia nos faz sentir o que não se pode ver nem tocar e nos faz enxergar o que é invisível. Só a poesia consegue explicar o inexplicável".

Oalab começou a pensar nas palavras mais poéticas que conhecia e se lembrou de "boca da noite". Sempre achou linda essa expressão e imaginou que tal boca poética deveria saber lhe dizer onde estavam guardados os pensamentos do vento.

Estava tão feliz que, de repente, sem perceber, começou a se transformar numa nuvem em forma de sorriso.

"Poesia é mesmo uma coisa incrível, só ela para destrancar a janela do meu sorriso." Assim que pensou nisso, Oalab percebeu que tinha acabado de criar uma frase poética. E sorriu ainda mais. Um sorriso largo e bonito, embora fosse um sorriso banguela, como o de um bebê.

E percebeu que fazia muito sentido estar parecido com um sorriso de bebê. De certa forma, desde que fugiu daquela página e começou a pensar por conta própria, era como se ele tivesse nascido de novo.

O sol já começava a se pôr no horizonte, quando Oalab sentiu uma leve brisa passar por entre seus lábios de nuvem. Era ela, a boca da noite, que aproveitava a boca de Oalab para lhe contar a história do vento.

— O vento é muito antigo e muito sábio — sussurrou ela. — Ele está aqui desde o início dos tempos.

Oalab estava maravilhado com aquela experiência. Estava, literalmente, "de boca aberta". O que era ótimo para que a boca da noite continuasse a soprar sua história através dos lábios dele.

Foi quando percebeu uma coisa incrível, que nunca havia pensado antes: que toda palavra falada necessita voar para ser ouvida. Por isso, é preciso que um vento a carregue boca afora... Para além da caverna da garganta, por cima do tapete da língua e para bem longe da cerca dos dentes... Para que o mundo possa ouvi-la.

— A palavra falada só existe quando voa...
— disse Oalab, feliz por ter criado uma nova frase poética.

— Isso mesmo — respondeu a boca da noite. — O vento entra nas pessoas logo que nascem, na primeira vez que o bebê inspira. E sai logo em seguida, na forma de um choro bem forte, um grito de vida nova que anuncia sua chegada ao mundo: *Buááááááááá*... E daí por diante o vento será sempre um amigo presente, entrando e saindo de seu corpo, dando fôlego para todas as etapas da existência daquela nova pessoa, carregando todas as palavras ditas em uma vida, as alegres e as tristes... E quando a pessoa chegar ao final de sua vida, o velho companheiro se despedirá daquele corpo, saindo pela última vez na forma de um longo suspiro.

"Que coisa mais linda essa história contada pela boca da noite!", pensou Oalab, enquanto voltava à sua antiga forma de balão de pensamento, feliz por ter finalmente desvendado o segredo do vento. O mesmo vento que o fez voar da página de papel e alcançar os céus. O mesmo vento que o salvou de ser capturado pelo bravo desenhista.

Oalab percebeu o verdadeiro sentido da palavra *inspiração*. E que até ele, um simples balão de história em quadrinhos, poderia se sentir inspirado a pensar, raciocinar, meditar, elucubrar e criar um universo inteiro dentro do seu pensamento.

Porque nada pode impedir um pensamento de nascer, crescer e se expressar dentro da gente. Palavras escritas podem ser riscadas ou apagadas do papel. Palavras faladas podem ser impedidas de sair das bocas com uma mordaça. Mas a palavra pensada é sempre livre para fazer o que bem entender dentro da cabeça da gente.

E ao perceber como era bom poder refletir sobre os pensamentos dos outros, Oalab acabou concluindo que aquilo também era uma maneira de pensar por si próprio. Sim, porque ao longo da vida nossos pensamentos são enriquecidos pelos pensamentos de todos os outros com os quais a gente convive. E também com aqueles das pessoas que viveram antes de nós, que pensaram por conta própria e usaram os pensamentos de outros que vieram antes delas, e assim por diante. Até mesmo os pensamentos com os quais a gente não concorda nos ajudam a pensar melhor e a chegar a novas conclusões.

— Você não concorda?

"Ué, que estranho...", pensou Oalab. "Parece até que eu estou conversando com alguém... Opa! É isso mesmo! Eu estou sendo lido por uma criança! Mas então isso significa que voltei a ficar preso em uma página! Ah, não… De novo, não…"

"Mas espere um pouco… Essa criança parece ser diferente das outras… Estou gostando muito dela. E aposto que ela também adora pensar por conta própria e ter um montão de ideias incríveis!"

"Acho que vou curtir ficar por aqui um pouco mais. Assim dá para pousar na cabeça dela sempre que eu quiser."

— Ei, você aí! Será que daria para aproximar sua cabeça um pouquinho mais?

JOÃO LUIZ GUIMARÃES nasceu no Rio de Janeiro e passou a infância em Vancouver, Canadá. É jornalista formado pela Universidade de São Paulo. Trabalhou em revistas e agências de notícias e como roteirista de programas televisivos. Seus últimos trabalhos incluem roteiros para o programa *Café Filosófico* da TV Cultura e para outros canais como SBT, Nickelodeon e National Geographic, além de vídeos institucionais. *O vento de Oalab* é seu primeiro livro infantil. Mais informações: oalabz@gmail.com

BRUNO NUNES nasceu em Belo Horizonte. Desde pequeno, já sabia que queria ser ilustrador. É formado pela Escola de Design de Minas Gerais e dono do estúdio criativo Caixa Amarela. Em seu trabalho, gosta de misturar arte feita à mão com técnicas digitais. Além de ilustrar livros infantis, é um dos integrantes da banda de "música livre" Constantina. Para a SM, também ilustrou *Meu amigo Ovídio*.
Mais informações: www.caixaamarela.com

FONTES Unit Rounded e Augereau
PAPEL Offset 120 g/m^2